I CAN READ HEBREW

PRIMER REINFORCEMENT

by Ruby G. Strauss

and Ahuva Schuller

Illustrations by Jana Paiss

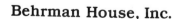

Behrman House, Inc.

for Gallit and Keren

© Copyright 1982 by Behrman House, Inc.
235 Watchung Ave., West Orange, N.J. 07052

ISBN: 0-87441-358-3

MANUFACTURED IN THE UNITED STATES OF AMERICA

PRACTICE YOUR HEBREW READING

READING SPEEDOMETER

How fast did you read?
Draw in the arrow.

1   תֹּות   תֵּת   תֹּותֹו   תַּת

2   תֹּו   תֵּת   תָּת   תַּת

3   תֹּותֹות   תֵּתָת   תֵּתֹו   תֵּת

4   שֹׁוש   שֹׁושׁ   שֵׁש   שֶׁש   שַׁש

5   תַּשׁ   שֹׁותֶ   שֵׁת   שֵׁת

6   שֶׁשֶׁת   תָּשֵׁש   תֹּוש   תֶּשָׁ

7   רַךְ   רֹורֹו   רֶךְ   רַרֹו

8   תֹּורָתֹו   תֹּורְ   תֹּור   שָׁר   תָּר

9   רֹושֵׁש   שָׁתֵר   רֶשֶׁת   תֵּרֹוש   שֵׁרֹות

3

PRACTICE . . . PRACTICE . . . PRACTICE!

1 דּוֹד   דַּד   דֶּדְ   דַדוּ

2 דָתוּ   דוֹרוּ   דוֹר   דוֹדְ

3 דָרַשׁ   תֶּרֶד   שֶׁדֶר   רֶדֶת   תּוֹדְ

4 לוּל   לֵל   לָלְ   לָלוּ

5 שָׁלוֹשׁ   תָּלַשׁ   תֵּלֶד   לָתֶת

6 שָׁלוּל   דֶּלֶת   שֶׁלַד   דַּלֵל   לוּד

PRACTICE YOUR HEBREW LETTERS

תתתת

שׁשׁשׁשׁשׁ

ררר

דדד

לללל

תּוֹרָתוֹ —————

דּוֹלָר —————

שָׁרֵת —————

דָּרַשׁ —————

HEBREW SOUNDS

Read the English sound in the box.
Circle the Hebrew letter that makes that sound.
The first line is done for you.

Make the English letter say the Hebrew sound.

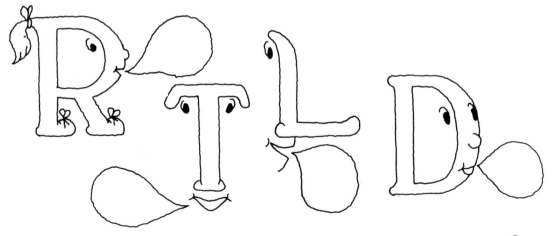

RHYMING SOUNDS

Circle the rhyming sounds in each line.
The first one is done for you.

1   דָרוֹ   (רֶשׁ)   דוֹשׁ   (שֶׁשׁ)

2   דַת   דַשׁ   דוֹלְ   לַת

3   שָׁלוּ   לוּת   דוֹת   דוֹר

4   לַל   שָׁלוּ   דַל   דוֹשׁ

5   תֶת   שָׁר   דוֹרוֹ   תָר

CHALLENGE
Write your own Hebrew rhyming sounds.

_____

_____
_____

_____

TONGUE TWISTER
Read these words over and over again as fast as you can.

שׁוֹדֵד   שָׁדַר   שֵׁד

7

MAKE YOUR OWN HEBREW WORDS

Read the beginning sounds with the ending sound in the box.

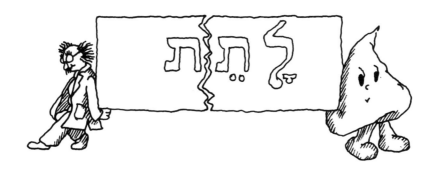

שׁוֹדֵ	9	לָתֵ	1
שֶׁלֵ	10	שֵׁשׁ	2
רוֹדֵ	11	שָׁרֵ	3
תֵּרְ	12	רֵשׁ	4

ד   ת

דוֹלָ	13	דַּלֵ	5
שָׁתֵ	14	לָדַ	6
שֵׁדֵ	15	שָׁלַ	7
תֵּרְ	16	תַּתָ	8

ר   ל

BURST THE BUBBLES

With your eyes tightly shut, aim your pencil point at the drawing below. Wherever your pencil point lands—that is the word you must read. Add the number on the bubble to your score. You have five chances. Play with a friend and see who can get the highest score!

9

A HEBREW FACTORY

This machine makes Hebrew sounds.
Read the Hebrew words to hear how the machine sounds.
See how fast you can make the machine go.

1 רְשָׁשׁ דַשַׁשׁ לַדַד רָת

2 דַלֵל רָלֵל שָׁדָךְ לָת

3 רְתָתֵ רָתֵת רְתַתָּ תָת

4 שָׁלַת דַשָׁל לְשָׁד לַת

Ask a friend to read lines 1 and 2 while you read lines 3 and 4 to
hear the sounds of a Hebrew factory.

1   בְּבֶ בֹּר בּוּל בַּד בַּל

2   בָּרָד דַּבֵּר תָּבוֹר שֶׁלֶד

3   בָּשֵׁל בְּשֶׁל בְּדַל שַׁבָּת

4   דֹּב רָב שַׁבָּת שָׁבַת שְׁבוּת

5   דָּבָר דַּבֵּר דִּבֵּר וּדְבַר לוּלָב

6   דֶּבֶר שָׁבוּר לוֹבֵשׁ שֶׁבֶת שְׁבָב

7   מוֹר מוֹת מֵת מַת מַר

8   מְדַבֵּר מְדַבֶּרֶת מָרוֹר לוֹמֵד שְׁמוֹ

9   שֶׁמֶשׁ שֵׁמוֹת וּשְׁמוֹ שָׁמוֹר שָׁמוֹר

10   תָּם רָם שָׁם דָּם לוֹם

11   תֹּם שֵׁם בְּשֵׁם לְשֵׁם מֵם

12   שָׁלוֹם לְשָׁלוֹם בַּשָּׁלוֹם מוּם שׁוֹם

13   בְּשׁוּם שֶׁמֶשׁ שׁוֹמֵם לְדֹרֹתָם

READING SPEEDOMETER

SLOW MEDIUM FAST

PRACTICE ... PRACTICE ... PRACTICE!

1 נֵר נֵרוֹת נָד נֶדֶר

2 בָּנוּ וּבָנוּ לָנוּ תַּנּוּר

3 נָדַר נְדוֹר נֵבֶל נָמֵר נֵבוֹשׁ

4 בֵּן לָן שֵׁן מַן נוּן

5 נוֹתֵן שֶׁנָּתַן לָשׁוֹן שֶׁמֶן רוֹדָן

6 לָלוּן לִבֵּן לְרַנֵּן לְשַׁנֵּן בּוֹנְבּוֹן

7 גַּג גַּם גַּן גַּנָּן גּוֹל

8 גֶּשֶׁם גֶּבֶר גְּבֶרֶת גָּמַר גּוֹמֵל

9 גָּדוֹל גּוֹרָל גּוֹרָלֵנוּ גָּמַר

READING SPEEDOMETER

12

PRACTICE YOUR HEBREW LETTERS

כ ־כ ־ב ב

כ ־כ ־ב ב

מ מ מ מ

ס ־ם ם ם

נ נ נ נ

ן ־ן ו ו

ג ־ג ג ג

נוֹתֵן _____

שָׁם _____

מְדַבֵּר _____

מָגֵן _____

HEBREW SOUNDS

Read the English sound in the box.
Circle the Hebrew letter that makes that sound.
The first line is done for you.

Box	Hebrew words (right to left)
B	תָּבוֹר לֵב פּוֹ שַׁבָּת
SH	שׁוֹמֵר שֵׁם נֵר שָׁלוֹם
V	רָב בּוֹשׁ דָּבָר בָּנוּ
M	לוֹמֵד גַּם מוּג וִישְׁמוּ
N	בָּנוּ גַּנִי נֵרוֹת נָתַתּ
G	גְּבֶרֶת מָגֵן מוּג גּוֹרָלֵנוּ
D	בְּדַל דוֹר רֵד דָּם
R	בּוֹר תֵּן מָרוֹר רָב
T	שַׁבַּת תָּבוֹר תֵּן נוֹתֵן
L	שָׁלֵם גָּמָל לוּלָב שֶׁל

14

RHYMING SOUNDS

Circle the rhyming sounds on each line.
Read each word carefully. There can be more than two rhyming
sounds on a line.

בּוֹר לוֹת בּוֹר מְרוּ 1

בַּת בֹּר בּוֹר מַל 2

שָׁם בַּל לָם בָּם 3

מוֹד בּוֹדוֹ דֹר בּוֹךְ 4

שָׁבַת שֶׁמֶשׁ שַׁבָּת שָׁלוּ 5

CHALLENGE
Write your own Hebrew rhyming sounds.

_____

_____

_____

_____

TONGUE TWISTER
Read these words over and over again as fast as you can.

בּוֹם בָּם נִגּוֹן נִגֵּן נַגֵּן

VOWEL SOUNDS

Say the English sound.
Circle the Hebrew vowel that makes that sound.

לוּלָב   נוּן   מֶנוּ   מוֹר $\boxed{\text{OO}}$

שֶׁלוּ   מוֹרֶה   גֶּבֶר   מְדַבֶּרֶת $\boxed{\text{EH}}$

בַּת   דָנוּ   גַם   מַבּוּל $\boxed{\text{AH}}$

שָׁלוֹם   דוֹן   גּוֹמֵר   שֶׁלָּנוּ $\boxed{\text{OH}}$

שְׁמוֹ   מְדַבֵּר   גְּבֶרֶת   לְבָבוֹת $\boxed{\text{SILENT}}$

Add the vowel to make the Hebrew letter say the same sound as
the English word.

שׁ	Shoe	5	ת	To	1
נ	No	6	שׁ	Show	2
נ	New	7	ת	Toe	3
ג	Go	8	ר	Row	4

16

A HIDDEN MESSAGE

Can you find the hidden message?
Cross out the letters that appear four times.

נ ן	מ	ג	ר	ב	ד	ר
ר	ב	ז	ד		ג	ז
ם	וֹ	ל	שׁ	ת	ב	שׁ
נ	ג	ז	מ	תּ	ב	נ
מ		תּ	ר	נ		ד
ד	תּ	ז	ג	ב	מ	תּ

Put the letters that are left on the lines.

—— —— —— ——ָ —— ——ָ ——ֵ

Can you read the message?

RHYMING RIDDLES

Can you solve the riddles?
Put the rhyming word in each verse to solve the riddles.

A. When a friend comes to your home

    To say hello, you say _____.

B. Say the blessing, sing each note.

    Light the candles called _____.

C. We eat and sing and rest a lot

    On the day we call _____.

D. Do you know your Hebrew name?

    In Hebrew we say it's your _____.

שֵׁם	1
גָּדוֹל	2
שָׁלוֹם	3
נֵרוֹת	4
לוֹמֵד	5
מָרוֹר	6
שַׁבָּת	7
מְדַבֵּר	8

Read each verse aloud to see if it rhymes.
You have solved the riddles!

CHALLENGE
Can you write these Hebrew words in English?

_____   שַׁבָּת

_____   שָׁלוֹם

_____   נֵרוֹת

_____   שֵׁם

18

READING RACE

How fast can you read the words? Time yourself and see if you can read faster and faster. Challenge a friend and see who finishes first.

start

שָׁב דָּבָר רַב מָרוֹר

שֵׁמוֹת לוֹמֶדֶת מְדַבֵּר

גוֹמֵל מָגֵן גָּדוֹל מְלַבֵּב

מוֹר בַּד שֶׁבֶר רָם

בַּשָׁלוֹם שְׁלוֹ בָּנוּ מַר לָשׁוֹן

PRACTICE YOUR HEBREW READING

ה

1 הֵם הָהֵם הַשַׁבָּת הַגָדוֹל הַשָׁלוֹם

2 לְהַר תְּהִלָה מַשֶׁהוּ בְּנֵיהֶם הַגָדָה

3 דוֹדָה שֶׁלָה הִנֵה מֹשֶׁה הוֹגֵן

4 הָבוּ שְׁנֵיהֶם הֵמַם מֵימֵיהֶם מְדָמֶה

ח

5 חַם חָתוּל חַנוּן חַלָה חַלוֹת

6 חָלָב חִוֹר חוֹלֶה חָבֵר חִבּוּר

7 לֶחֶם מָחָר מַחְבֶּרֶת חַמֵי הֵמַם

8 תַּחַת תָּחָב תְּחוּם חָתָן חָתוּל

9 לוּחַ כֹּחַ מֹחַ רוּחַ מָרוּחַ לָנוּחַ

20

PRACTICE . . . PRACTICE . . . PRACTICE!

1   יֵשׁ יַיִן יוֹם יָד יֶלֶד יַלְדָּה

2   שְׁנֵי יְהוּדִי יָדַיִם יָשָׁר הַבַּיְתָה

3   הָיָה יִהְיֶה הַלְלוּיָהּ דַיֵּנוּ יְרוּשָׁלַיִם

4   אַתְּ אַתָּה אִם אֶל אֵין אָח אֶחָד

5   אוֹמֵר יוֹשֶׁבֶת אוֹהֵב אוֹהֶבֶת מְאֹד

6   אַבָּא אִמָּא חֶמְאָה הַאִם לֹא

7   מְבוֹאוֹ אִיוּר מְבוֹאֵי אוֹמְרֵי גֵּאֶה

8   עַם עֵת עַל עוֹד עַמּוֹ עֶרֶב

9   עוּגָה מֵעַתָּה לָעַד הָעוֹלָם נֹעַם

10   שָׁעָה שָׁמַע שֶׁמַע יוֹדֵעַ מַדּוּעַ

11   שׁוֹמֵעַ לִשְׁמֹעַ רוֹעִי הַשָּׁעָה עָמוֹן

PRACTICE YOUR HEBREW LETTERS

ה ֖ה ה ה

ח ֖ת ח ח

י ֒ ו ו

א אֿ אֿ א

ע ע ע

יַיִן

אֶחָד

הַלְלוּיָה

עֵינַיִם

HEBREW SOUNDS

Look at the Hebrew letter in each circle. Draw a box around the
sound each letter makes.

R H ה Y N	H T י V Y	B D בּ V H
H N ג G V	N V ב D N	T N נ H G
R D ד N L	N SH תּ B T	M G מ T N
R Y ר SH D	B L ל H D	R D שׁ N SH

23

MORE HEBREW SOUNDS

One word in each row does not rhyme. Write the word that does not belong in the box. The first one is done for you.

1 שׁוֹתֶה רוֹאֶה מַשֶּׁהוּ מוֹרֶה | מַשֶּׁהוּ |

2 עִתּוֹן תּוֹרָן עֶלְיוֹן אָדוֹן | |

3 שֶׁלְךָ עֶבֶד דֶּבֶר יֶלֶד | |

4 תַּחַת חַלּוֹת לִהְיוֹת תְּהִלּוֹת | |

5 לְשַׁבֵּחַ אוֹרֵחַ אוֹתָהּ מוֹרֶחַ | |

6 הֵם שֵׁם נֹעַם לָהֶם | |

7 תּוֹרָה מוֹרַת אוֹרָה מוֹרָה | |

8 עֲבָדַי מְאוֹרֵי אִמְרֵי מוֹשָׁבוֹ | |

TONGUE TWISTER
Read these words over and over again as fast as you can.

גָּנָן גָּדַל דָּגָן בַּגַּן
דָּגָן גָּדוֹל גָּדַל בַּגַּן

24

RHYMING WORDS

Read this word. מוֹרָה
Circle the number next to each word that rhymes with מוֹרָה.

11 רְחוֹב		6 דָּבָר		1 דּוֹדָה	
12 יַיִן		7 חָיָה		2 בּוּבָּה	
13 רַבָּה		8 מָחָר		3 הַיּוֹם	
		9 שֶׁלָּה		4 שׁוֹתֶה	
		10 תּוֹדָה		5 חַדָּה	

Connect ONLY the numbers you circled above in this dot-to-dot puzzle. Leave the uncircled numbers out.

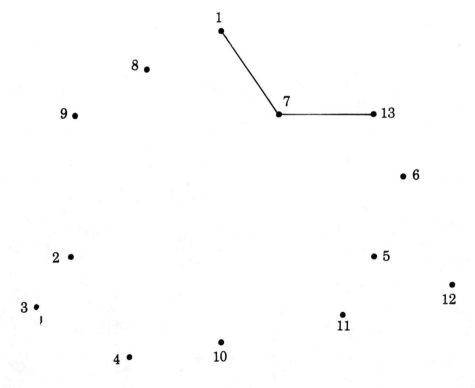

MORE RHYMING RIDDLES

Can you solve the riddles?
Put the rhyming word in each verse to solve the riddles.

A. Solve the riddle. Why not try it? _____

   In Hebrew a house is called a _____.

אֶחָד	1

B. This is what we put things on. _____

   It's a table called _____.

שֻׁלְחָן	2
בַּיִת	3
תּוֹדָה	4

C. Bring to school, now don't forget it, _____

   A Hebrew notebook called _____.

מוֹרֶה	5
חָבֵר	6

D. It is fun to play and share _____

   With a friend we call _____.

לֶחֶם	7
מַחְבֶּרֶת	8

Read each verse aloud to see if it rhymes.
You have solved the riddles!

CHALLENGE
Can you write these Hebrew words in English?

_____   שֻׁלְחָן

_____   חָבֵר

_____   בַּיִת

_____   מַחְבֶּרֶת

26

CLIMB THE LADDERS

See how fast you can climb down one ladder and up the other.
Can you do it in one minute?

הַשָּׁמַיִם 22	הַשָּׁרֵת 1
בַּיּוֹם 21	בְּתֵאָבוֹן 2
הַבּוֹחֵר 20	רָאָה 3
רַחֵם 19	תֹּאַר 4
מֹשֶׁה 18	לְאֵל 5
לִלְמֹד 17	אָב 6
בֵּין 16	עָלֵינוּ 7
נוֹדֶה 15	עוֹלָם 8
הַשָּׁנָה 14	הַדָּבָר 9
גִּדְּלָה 13	מְהַלָּל 10
בְּדִבְרֵי 12	עַד 11

Ask a friend to call out a number. See how fast you can read that
word. Then test your friend.

PRACTICE YOUR HEBREW READING

1. שִׁים שָׁם שָׁם שָׂרִיד תָּשִׁים

2. יִשְׂרָאֵל יִשָּׂא שַׂי עוֹשֶׂה עָשָׂה

3. מַעַשׂ עֹשֶׂה תַּלְמִיד שְׁמִי שִׂישׂוּ

4. שֶׁתַּשִׂים שִׂיחָה שֶׁיִּשְׂרָאֵל נָשׂושׂ

5. קוֹל קָדוֹשׁ קוֹמָה קָנֶה קוֹרֵא

6. קָדוֹשׁ קָרַע קַיָּם קֶרֶן חֻקִּים

7. בֹּקֶר לִקְרֹא לִקְנוֹת בְּבַקָּשָׁה מַדְלִיק

8. עֵמֶק חֻקּוֹתַי חֻקֵּי קַרְנֵי מַקְלִי

9. כִּי כָּבוֹד כְּבוֹד כְּבוֹדוֹ כַּדּוּר כֵּן

10. כֶּלֶב כְּמוֹ כָּתָה כֻּלוֹ כְּיִשְׂרָאֵל

11. בַּכֹּחַ כַּבֵּד כָּבוֹד בַּכִּתָּה בַּכֶּרֶם

12. כְּמוֹשִׁיעֵנוּ כַּאדוֹנֵינוּ כַּבֵּן מַלְכָּה

28

PRACTICE . . . PRACTICE . . . PRACTICE!

1   אוֹכֶלֶת   אוֹכֵל   נָכוֹן   בָּכָה   יָכוֹל

2   לִכְבוֹד   הוֹלְכִים   בְּרוּכִים   לָכֶם   בָּכֶם

3   תְּכֵלֶת   כְּכֶתֶם   כָּכָה   לָלֶכֶת   לִכְתּוֹב

4   כּוֹכָב   שִׂכְלִי   שֶׁלָכֶם   מִכְתָּם   בִּכְדֵי

5   מֶלֶךְ   אֶרֶךְ   שִׁמְךָ   שֶׁלָךְ   לָךְ   אֵיךְ

6   מְבָרֵךְ   מְבָרֶךְ   לְבָרֵךְ   בָּרוּךְ   בָּרֵךְ

7   עַמְךָ   שְׁמְךָ   לְבָבְךָ   הוֹלֵךְ   יִמְלֹךְ

8   מִמְּךָ   שֶׁלְךָ   כָּמוֹךְ   לָךְ

9   זִיזֵי   זֵכֶר   זוֹכֵר   זְמַן   זֹאת   זֶה

10   גָּזוּז   גִּזְרָן   גּוֹזֵר   גָּזַז   גֵּז

11   מְזַלְזֵל   זִלְזֵל   זְבוּבַי   זְבוּב   זָהָב

12   זִכָּרוֹן   מָזוֹן   מְזוּזָה   מְזוֹנוֹת   אֵיזֶה

29

PRACTICE YOUR HEBREW LETTERS

שׂ שׂ שׂ שׂ שׂ שׂ שׂ

ק ק ק ק

כ כֶ כ כ כ

כ כֶ כ כ

ד ד ד ד ד

ז ז ז ז ז

———————— יִשְׂרָאֵל

———————— קָדוּשׁ

———————— בָּרוּךְ

———————— זִכָּרוֹן

30

MAKE YOUR OWN HEBREW WORDS

Read the beginning sounds with the ending sound in the box.

9 בִּשְׁבִיל	1 כָּמֹךָ
10 לְשְׁמְ	2 בְּרְךָ
11 בֵּית	3 כַּתּוֹךָ
12 וּדְבָר	4 עֹשֶׂ

ד   ה

13 יִתֵ	5 שְׁנַי
14 הַזָ	6 דוֹלָרִי
15 לַזְמַ	7 וּמוֹדִי
16 הַזְכָּרוּ	8 עְתוֹנִי

ז   ם

31

VOWEL SOUNDS

Say the English sound.
Circle the Hebrew vowel that makes that sound.

קִשְׁקוּשׁ הַחֲקִים בּוּשָׁה סֻכּוֹת	OO
אוֹכֶלֶת בְּעֶזְרַת לָקַח רֶשֶׁת	EH
תַּלְמִיד הִנְחִילָנוּ הַמַּבְדִּיל עָשָׂנִי	AH
עֹנֶשׁ קֹדֶשׁ תּוֹרָתִי לִקְבּוֹעַ	OH
עִבְרִית מִיָּד בְּרֵאשִׁית מַדְלִיק	EE
אִמְרִי יִתְבָּרַךְ בִּשְׁבִילְךָ קִדַּשְׁתָּ	SILENT

32

ADD A VOWEL

Add the vowel to make the Hebrew letter say the same sound as the English word.

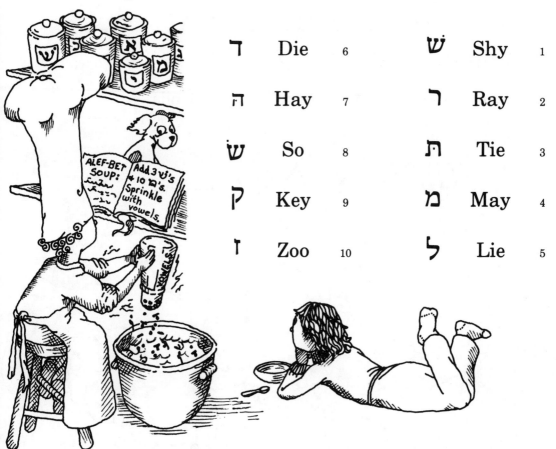

ד	Die	6	שׁ	Shy	1
ה	Hay	7	ר	Ray	2
שׂ	So	8	ת	Tie	3
ק	Key	9	מ	May	4
ז	Zoo	10	ל	Lie	5

TONGUE TWISTER
Read these words over and over again as fast as you can.

נָחָשׁ נָשַׁךְ נָחָשׁ

TALKING ANIMALS ·

Read the sounds that animals make.

הִיהָ 5 מִיאַעוּ 4 בַּבּ 3 רוֹר 2 מוּ 1

קַקְדָּדְלְדוּ 9 הוּא 8 גְּבֶּל גְּבֶּל 7 הִישׁ 6

What do these animals say? Write in their sounds.

34

DART GAME

With your eyes tightly shut, aim your pencil point at the target
below. Wherever your pencil point lands—that is the word you
must read. You have five chances.   Add the number to your
score. Play with a friend and see who can get the highest score.

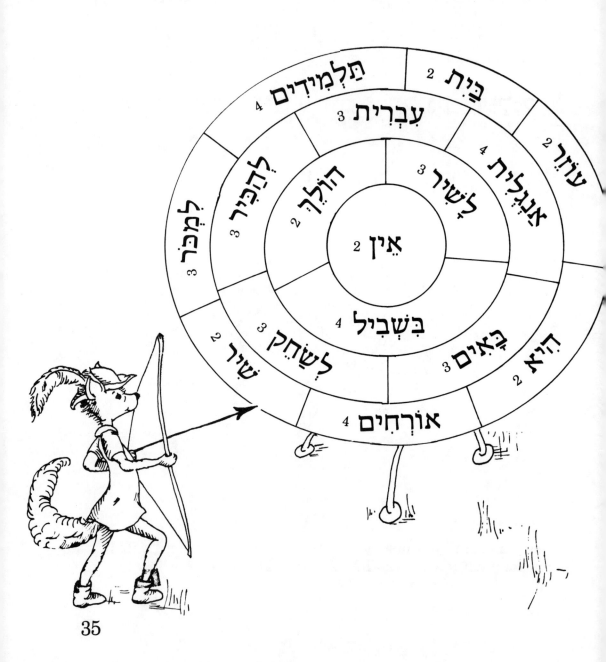

A HEBREW BAND

Read the Hebrew sounds to hear the music.

1 וּמְגַג בּוֹם וּמְגַג בּוֹם וּמְגַג וּמְגַג
בָּב בָּבוֹם.

2 תּוֹת תּוֹת רַתַּתָ תַּת תֶּת תֶּת
רַתַּתָ תָּת.

3 קְלִינְק קְלַנְק זוֹם זוֹם קְלִינְק קְלַנְק
זוֹם שָׁבּוֹם.

4 בּוּמְדָד בְּמְדָךָ תּוֹת תּוֹת קְלִיק קְלַק
רַתָּת.

See what kind of music you can make. Have a friend read line 1 out loud while you read line 2 at the same time. See how fast you can make the band play.

PRACTICE YOUR HEBREW READING

1 טוֹב טוֹבִים טָהוֹר קָטָן קְטָנוֹת
2 נְטִילַת שֶׁלֶט מֶלֶט שָׁטָה וּבְטוּבוֹ
3 מָט מִטָה מַטְבֵּעַ טָמַן טִמְטוּם

4 פֶּה פִּיּוֹת פֶּרַח פְּרִי פְּרָחִים
5 פְּנַק כִּפָּה חוּפָּה אַפַּיִם מִתְפַּלֵל
6 פְּנֵי פַּעַם לְהִתְפַּלֵל הַפּוֹרֵשׁ מִשְׁפָּטִים

7 יָפֶה נֶפֶשׁ תְּפַלָתִי תְּפִילוֹת אֵיפֹה
8 אֶפְשָׁר אוֹפֶה לִפְנֵי הַגֶפֶן דָפַק
9 נַפְשְׁךָ נִפְלָא כְּפִיר שׁוֹפֵט תְּפִלִין

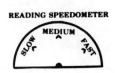

PRACTICE...

PRACTICE...

PRACTICE...

1 קָטַף חָטַף שָׂרַף חוּף אַף

2 הֶחָרִיף חָרִיף אַשָׁף שָׁלַף קוּף

3 לְהִתְעַטֵּף מָכוֹן מָחוֹן מְחוּף הַרְדּוּף

4 צְבָאָם צָבָא צִיּוֹן צֵא צוּר

5 מַצָּה בֵּיצָה רוֹצֶה צְדָקָה צֶדֶק

6 יְצִיאָה צִיצִית הַמּוֹצִיא צָרִיךְ

7 אֶרֶץ מִיץ רוּץ קֵץ עֵץ

8 יוֹעֵץ אַמִּיץ מֵלִיץ עָצִיץ רָצוּץ

9 שָׂרַף פָּרַץ הוֹלֵךְ חוֹפֵף חָמֵץ

38

AND PRACTICE SOME MORE!

1 וָרוֹד וְאֶת וְאֶל וָו וְשַׁבָּת
2 וַיִּשְׁמֹר וְנָתַן וְהָאָרֶץ וַיֹּכְלוּ וְאָהַבְתָּ
3 וְשָׁמְרוּ מִצְוָה מִצְוֹתֶיךָ בְּמִצְוֹתָיו

4 סֶלָה סֵפֶר סִדּוּר סֻכָּה סֻכַּת
5 כִּיס סַבָּא סַבְתָּא כֶּסֶף כְּנֶסֶת
6 חֶסֶד נִסִּים סַם קֶסֶם חוֹסֵם

READING SPEEDOMETER
FAST
MEDIUM
SLOW

PRACTICE YOUR HEBREW LETTERS

ט ט ט ט ט

פ פ פ פ פ

פ פ פ פ

ף ף ף ף ף

צ צ צ צ צ

ץ ץ ץ ץ

ו ו ו ו

ס ס ס ס ס

_____ נִסִּים _____ הִתְעַטֵּף

_____ רִצְפָּה _____ הָאָרֶץ

40

THE SAME SOUND

Read the English sound in the box.
Circle the Hebrew letter that makes that sound.
(Remember: Two Hebrew letters can make the same sound!)

T	מִשְׁפָּט הַשֹׁפֵט בִּיצִיאַת עַצְמוֹתַי
S	מַעֲשֶׂיךָ חֲסִידָיו לְמַעֲשֶׂה לַעֲסוֹק
V	וַאֲנַחְנוּ אַהֲבָה וַאֲשֶׁר יַעֲקֹב
K	כּוֹתֵב כִּסֵא וְקֵרַבְתָּנוּ וְקַיָּם

TONGUE TWISTER
Read these words over and over again as fast as you can.

שָׂמֵחַ שִׁיר שָׂרָה שָׂרָה

41

RHYMING SOUNDS

Read the three words on each line.
Circle the two words that sound the same.

1   שִׂמְלָה   סִמְלָה   שִׂסְלָה

2   עָוִינוּ   הָבִיאוּ   אָבִינוּ

3   וָו   בָּב   שָׁב

4   רַמְקוֹל   הַכֹּל   הַקּוֹל

5   כָּחוֹל   יָכוֹל   כְּכֹל

6   אִתָּה   עַתָּה   אַתָּה

CHALLENGE
Write the Hebrew letter that sounds the same as each of these
Hebrew letters.

א ___   ח ___   ב ___

ט ___   ק ___   שׁ ___

HEBREW ANIMALS

How many animals do you know in the Hebrew zoo?
Write the animal's name on the cage.

גּוֹרִילָה 5 לָמָה 4 בֵּיבָר 3 קֶנְגָּרוּ 2 זֶבְּרָה 1

43

THE SUPERMARKET

You can find these Hebrew words in the סוּפֶּרְמַרְקֶט.

פִּיצָה 4   קוֹקָה קוֹלָה 3   סְפַּגֶטִי 2   בָּנָנָה 1

קוֹרְן 5   פְלֵיקְס   קָפֶה 6   פַּפְקוֹרְן 7

חַלָה 8   צִּיפְּסִי 9

Write the things you want to buy on your shopping list.

MY SHOPPING LIST

SILENT LETTERS

Put a circle around each silent letter.

1   שְׁמַע   מְלֹא   לֵאלֹהִים

2   צֶלַע   קֶבַע   וַיֹּאמֶר

3   הָיָה   יַלְדָה   פָּתְחָה

4   קֶרַע   מַדְלִיקָה   לֹא

5   פֶּלֶא   דֶּשֶׁא   לֵאמֹר

45

WATCH OUT

How carefully can you read?
Circle each ו that sounds like the English letter "V".

מִצְוֹת   בְּמִצְוֹתָיו   בְּמִצְוֹתֶיךָ

עוֹנוֹת   עֲוֹנוֹתֵינוּ   לַעֲוֹנוֹתֵינוּ

תִּקְוֹת   תִּקְוֹתֵינוּ   תִּקְוֹתַי

אֹהֲבָיו   רַוָקוֹת   רִוְיוֹן   גּוֹיִים

מַעֲשָׂיו   עָוֹן   שַׁוְעָתוֹ   קוֹרְאָיו

46

אִינִי מִינִי מַיְנִי מוֹ

When you can't make up your mind which one you want to choose, you point and say:

אִינִי מִינִי מַיְנִי מוֹ

קָפֶה

וָנִיל

שׁוֹקוֹלָדָה

This is what children in Israel say:

1 אֵן דֶן דִי נוֹ
2 סוֹפָה לָה קָטִינוּ
3 סוֹפָה לָה קָטִי קָטוֹ
4 אֵלִיק בֶּלִיק בּוֹם

Point as you read the four Hebrew lines.

Which flavor ice cream did you choose?

47

HEBREW GEOGRAPHY

Read the Hebrew names of the cities.
Circle the cities that are in אֲמֶרִיקָה.
How many of the cities are in יִשְׂרָאֵל? _____

11	פִילָדֶלְפִיָה		1	לוֹנְדוֹן
12	הָבָנָה		2	נְיוּ־יוֹרְק
13	סַן־פְּרַנְסִיסְקוֹ		3	תֵּל־אָבִיב
14	דֶנְבֶר		4	פָּרִיז
15	שִׁיקָגוֹ		5	אַמְשְׂטֶרְדָם
16	אַטְלַנְטָה		6	מֶקְסִיקוֹ סִיטִי
17	יְרוּשָׁלַיִם		7	לָאס וֵאגָס
18	אֵילַת		8	בּוֹסְטוֹן
19	בֶּרְלִין		9	חֵיפָה
20	לֶנִינְגְרַד		10	הוֹנְג קוֹנְג

Put your home town on the map. Can you write the name of your town in Hebrew? _____

_____

48

NAME THE PICTURE

Read these eight Hebrew words.

תְּפִלִּין 4 מְזוּזָה 3 טַלִּית 2 כִּפָּה 1

סִדּוּר 8 תּוֹרָה 7 חַלָּה 6 שׁוֹפָר 5

Can you write the correct word under each picture?

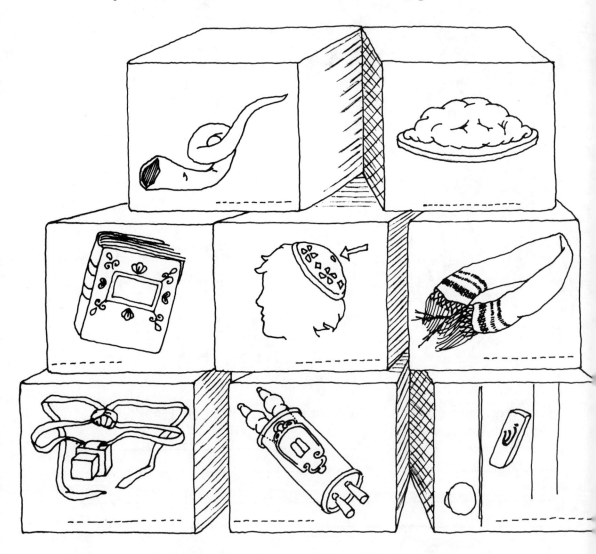

MARCHING CHEER

This is what Israeli children shout as they march along:

1 הֵי   וִי   וו

2 הֵי   וָה   וֹו

3 הֵי   וִי   וֹו   וָ   וו   וֹו

4 הֵי

5 מֵפְּטִי   בֶּפְּטִי

6 בַּלָלָל   מֵפְּטִי

7 שִׁינְגָלֶה   מִינְגָלֶה

8 לוּף   לוּף   לוּף!

Can you make up your own marching cheer in Hebrew?
Write it here.

_____

_____

_____

_____

50

HEBREW CODE

Here is a holiday question. Use the code to read the question.

CODE

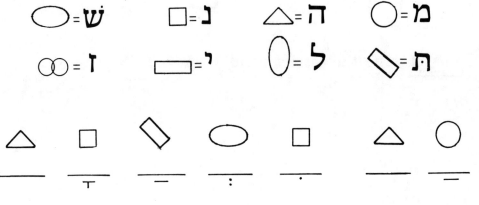

$\bigcirc$ = שׁ $\square$ = נ $\triangle$ = ה $\bigcirc$ = מ

$\bigcirc\!\bigcirc$ = ז $\boxed{}$ = י $\mathbf{0}$ = ל $\diamondsuit$ = ת

Read these Hebrew words. Cross out the words that do not belong to Passover.

שׁוֹפָר   סֵדֶר   הַגָּדָה   פֶּסַח

אֲפִיקוֹמָן   חֲרֹסֶת   חַלָּה   מַצָּה

51

HOLIDAY NAMES

Read the names of these six holidays.

סוכות   פּוּרִים   שָׁבוּעוֹת

חֲנוּכָּה   פֶּסַח   שַׁבָּת

Can you write the correct holiday under each picture?

Write the name of your favorite holiday here.

OUR CALENDAR

Look across and down and circle the names of the Hebrew months.

Which Hebrew month couldn't you find?

_____

ת	ר	ד	א	שׁ	ח	ר	צ	בּ
פּ	נ	שׁ	י	ר	שׁ	ת	ד	נ
ה	ס	ב	ר	ה	ו	מ	ק	י
ת	ב	ט	ר	ז	ן	ו	י	ס
ע	ג	ל	ו	ל	א	ז	ח	ן
ד	ו	ל	ס	כ	מ	ט	מ	ל

9	סִיוָן	5	שְׁבָט	1	תִּשְׁרֵי
10	תַּמוּז	6	אֲדָר	2	חֶשְׁוָן
11	אָב	7	נִיסָן	3	כִּסְלֵו
12	אֱלוּל	8	אִיָר	4	טֵבֵת

TIC TAC TOE

Play טִיק טַק טוֹ with a friend.
Before you make X or O you have to read the word in the square.

שֵׁן	בָּחַר	גְּמִילוּת
עַם	עֶבֶד	בְּרֵאשִׁיו
גִּיר	נוֹרָא	דַיֵּנוּ

סֵפֶר	שָׁלוֹם	תּוֹרָה
הִיא	שׁוֹפָר	אֵין
חָבֵר	אֶתְרוֹג	אַל

CHALLENGE
Make your own Hebrew
טִיק טַק טוֹ board.

לוּלָב	נֵרוֹת	בּוֹא
קִיר	שֻׁלְחָן	סִדוּר
אָמֵן	טַלִית	שָׁנָה

HEBREW NAMES

Do you know people with these names?
Can you find your Hebrew name?

אַבְרָהָם דִּינָה דָּוִד רוּת אוֹרָה

שָׂרָה לֵאָה מֹשֶׁה שִׁמְעוֹן יוֹסֵף

Here are some more names to read.

אֶסְתֵּר	8	לֵוִי	1
חַנָּה	9	זְאֵב	2
רָחֵל	10	אוּרִי	3
רִבְקָה	11	דָּן	4
דְּבוֹרָה	12	יַעֲקֹב	5
דִּינָה	13	יוֹסִי	6
מִרְיָם	14	יוֹאֵל	7

Practice writing your Hebrew name here.

_____

_____

55

NOW I CAN READ THE BLESSINGS

BLESSING OVER SABBATH CANDLES

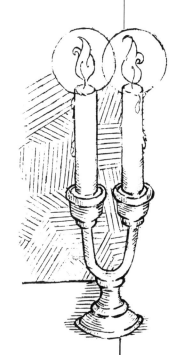

1 בָּרוּךְ אַתָּה יְיָ

2 אֱלֹהֵינוּ מֶלֶךְ הָעוֹלָם

3 אֲשֶׁר קִדְּשָׁנוּ בְּמִצְוֹתָיו

4 וְצִוָּנוּ לְהַדְלִיק נֵר

5 שֶׁל שַׁבָּת.

BLESSING OVER WINE

1 בָּרוּךְ אַתָּה יְיָ

2 אֱלֹהֵינוּ מֶלֶךְ הָעוֹלָם

3 בּוֹרֵא פְּרִי הַגָּפֶן.

BLESSING OVER BREAD

בָּרוּךְ אַתָּה יְיָ 1

אֱלֹהֵינוּ מֶלֶךְ הָעוֹלָם 2

הַמּוֹצִיא לֶחֶם מִן הָאָרֶץ. 3

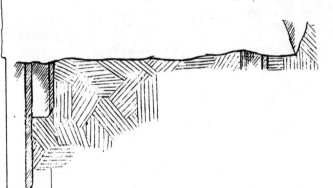

BLESSING ON SPECIAL OCCASIONS

בָּרוּךְ אַתָּה יְיָ 1

אֱלֹהֵינוּ מֶלֶךְ הָעוֹלָם 2

שֶׁהֶחֱיָנוּ וְקִיְּמָנוּ וְהִגִּיעָנוּ 3

לַזְּמַן הַזֶּה. 4

I CAN READ THE SH'MA

1 שְׁמַע יִשְׂרָאֵל יְיָ אֱלֹהֵינוּ יְיָ אֶחָד.

2 בָּרוּךְ שֵׁם כְּבוֹד מַלְכוּתוֹ לְעוֹלָם וָעֶד.

3 וְאָהַבְתָּ אֵת יְיָ אֱלֹהֶיךָ

4 בְּכָל לְבָבְךָ וּבְכָל נַפְשְׁךָ וּבְכָל מְאֹדֶךָ.

5 וְהָיוּ הַדְּבָרִים הָאֵלֶּה

6 אֲשֶׁר אָנֹכִי מְצַוְּךָ הַיּוֹם עַל לְבָבֶךָ.

7 וְשִׁנַּנְתָּם לְבָנֶיךָ וְדִבַּרְתָּ בָּם

8 בְּשִׁבְתְּךָ בְּבֵיתֶךָ וּבְלֶכְתְּךָ בַדֶּרֶךְ

9 וּבְשָׁכְבְּךָ וּבְקוּמֶךָ.

10 וּקְשַׁרְתָּם לְאוֹת עַל יָדֶךָ

11 וְהָיוּ לְטֹטָפֹת בֵּין עֵינֶיךָ.

12 וּכְתַבְתָּם עַל מְזֻזוֹת בֵּיתֶךָ וּבִשְׁעָרֶיךָ.

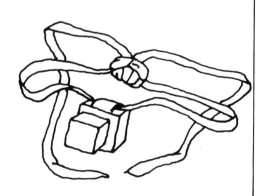

I CAN READ THE TORAH BLESSINGS

1 בָּרְכוּ אֶת יְיָ הַמְבֹרָךְ.

2 בָּרוּךְ יְיָ הַמְבֹרָךְ לְעוֹלָם וָעֶד.

3 בָּרוּךְ אַתָּה יְיָ אֱלֹהֵינוּ מֶלֶךְ הָעוֹלָם

4 אֲשֶׁר בָּחַר בָּנוּ מִכָּל הָעַמִּים

5 וְנָתַן לָנוּ אֶת תּוֹרָתוֹ

6 בָּרוּךְ אַתָּה יְיָ נוֹתֵן הַתּוֹרָה.

I CAN ASK THE FOUR QUESTIONS

1 מַה נִּשְׁתַּנָּה הַלַּיְלָה הַזֶּה מִכָּל הַלֵּילוֹת?

2 שֶׁבְּכָל הַלֵּילוֹת אָנוּ אוֹכְלִין חָמֵץ וּמַצָּה

3 הַלַּיְלָה הַזֶּה כֻּלּוֹ מַצָּה.

4 שֶׁבְּכָל הַלֵּילוֹת אָנוּ אוֹכְלִין שְׁאָר יְרָקוֹת

5 הַלַּיְלָה הַזֶּה מָרוֹר.

6 שֶׁבְּכָל הַלֵּילוֹת אֵין אָנוּ מַטְבִּילִין

7 אֲפִילוּ פַּעַם אֶחָת

8 הַלַּיְלָה הַזֶּה שְׁתֵּי פְעָמִים.

9 שֶׁבְּכָל הַלֵּילוֹת אָנוּ אוֹכְלִין

10 בֵּין יוֹשְׁבִין וּבֵין מְסֻבִּין

11 הַלַּיְלָה הַזֶּה כֻּלָּנוּ מְסֻבִּין.

1	אֵין כֵּאלֹהֵינוּ	אֵין כַּאדוֹנֵינוּ
2	אֵין כְּמַלְכֵּנוּ	אֵין כְּמוֹשִׁיעֵנוּ
3	מִי כֵאלֹהֵינוּ	מִי כַאדוֹנֵינוּ
4	מִי כְמַלְכֵּנוּ	מִי כְמוֹשִׁיעֵנוּ
5	נוֹדֶה לֵאלֹהֵינוּ	נוֹדֶה לַאדוֹנֵינוּ
6	נוֹדֶה לְמַלְכֵּנוּ	נוֹדֶה לְמוֹשִׁיעֵנוּ
7	בָּרוּךְ אֱלֹהֵינוּ	בָּרוּךְ אֲדוֹנֵינוּ
8	בָּרוּךְ מַלְכֵּנוּ	בָּרוּךְ מוֹשִׁיעֵנוּ
9	אַתָּה הוּא אֱלֹהֵינוּ אַתָּה הוּא אֲדוֹנֵינוּ
10	אַתָּה הוּא מַלְכֵּנוּ אַתָּה הוּא מוֹשִׁיעֵנוּ

I CAN WRITE SCRIPT

————————————	^{2}c̨|	א	א
————————————	ב̨	ב	ב
————————————	בֵ	ב	ב
————————————	ג	ג	ג
————————————	ד̇	ד	ד
————————————	ה̇	ה	ה
————————————	ן	ו	ו
————————————	ז̨	ז	ז
————————————	ח̇	ח	ח
————————————	ט̇	ט	ט
————————————	י	י	י
————————————	כֵ	כ	כ
————————————	כ̇	כ	כ
————————————	ך̇	ך	ך
————————————	ל̨	ל	ל

מ	מ	_____
ם	ם	_____
נ	נ	_____
ו	ו	_____
ס	ס	_____
ע	ע	_____
פ	פ	_____
פ	פ	_____
ף	ף	_____
צ	צ	_____
ץ	ץ	_____
ק	ק	_____
ר	ר	_____
ש	ש	_____
ש	ש	_____
ת	ת	_____
ת	ת	_____

Certificate of Achievement

_____

Name

can read hebrew

_____   _____   _____
Teacher   *School*   *Date*